SIETE PASOS EN OCULTISMO PRÁCTICO

Por Paul Foster Case

Traducción por Wade Coleman

Versión June de 2023

Tras mi muerte, este libro pasa al dominio público

TABLA DE CONTENIDO

CAPITULO 1	6
CAPITULO 1 NOTAS	21
CAPITULO 2	25
CAPITULO 2 NOTAS	34
CAPITULO 3	35
CAPITULO 3 NOTAS	46
CAPITULO 4	49
CAPITULO 4 NOTAS	61
CAPITULO 5	68
CAPITULO 5 NOTAS	78
CAPITULO 6	79
CAPITULO NOTAS	90
CAPITULO 7	91
CAPITULO 7 NOTAS	100
BIBLIOGRAFIA	104
Libros de Paul Foster Case	105

AGRADECIMIENTOS

Me gustaría agradecer a la editorial Your Own World Books por el permiso para citar el libro *The Egyptian Text of the Bronzebook*.

PREFACIO

Siete Pasos en Ocultismo Práctico es quizás la mejor y peor serie de lecciones de Paul Foster Case. La mejor, porque Siete Pasos enseña importantes técnicas que son útiles para muchas situaciones. Son las peores lecciones por los detalles que Case omite. He añadido notas al final de cada capítulo para llenar algunos vacíos.

He editado *Siete Pasos* para que se ajuste al uso del lenguaje moderno sin perder la voz del Dr. Case. Editar las tres lecciones de Tarot del Dr. Case y estos Siete Pasos ha sido un honor y un privilegio.

Wade Coleman

Mayo de 2020

Para contactar al autor,

DENDARA_ZODIAC@protonmail.com

SIETE PASOS EN OCULTISMO PRÁCTICO

CAPITULO 1

¿Qué es lo que quieres?

Las instrucciones prácticas dadas en este curso tienen un propósito: enseñarte lo que debes hacer para obtener salud, felicidad y seguridad. El curso está diseñado para satisfacer las necesidades de aquellos interesados en la aplicación práctica del ocultismo a sus problemas personales. Escrito para principiantes en el estudio del ocultismo, evita tecnicismos y especulaciones, para que los que lo lean y lo pongan en práctica puedan empezar a vivir los fundamentos que aquí se explican.

El bienestar de la humanidad depende del bienestar de las personas en el orden social. Este mundo es un buen lugar para vivir, si uno sabe cómo vivir. El conocimiento de las fuerzas, leyes y métodos harán de ti una persona mejor y más servicial en el orden social. Cuando tú estás bien, eres feliz y próspero, tu día a día aporta a la suma total de la eficacia y plenitud humana.

La verdadera salud es contagiosa. Cuando la expresas, tu sola presencia cura. Un espíritu libre y alegre derrama bendiciones sobre todos los que se hallen en su presencia. Mantente lleno de dicha y harás feliz también a tu vecino. Nadie vive para sí mismo. Aplica este conocimiento y utiliza los métodos ofrecidos en estas lecciones para tener éxito, y añadirás, inevitablemente, prosperidad a los demás.

Este curso te concierne a TI. Al concentrarte en expresar los increíbles poderes de la personalidad humana, ayudarás a todos tus familiares, amigos y asociados. Recibirás instrucciones claras y específicas. Aplica este conocimiento de manera precisa, prestando plena atención a cada detalle.

Estas páginas contienen procedimientos que han sido probados y comprobados. Estudia cada lección cuidadosamente, de modo que sepas exactamente lo que significa. Luego, ponlo en práctica. Dedícale al menos una semana al trabajo que se describe en cada lección. Apresúrate lentamente.

El primer paso es sencillo, pero es de suma importancia. Muchas personas nunca lo dan. El no darlo explica su fracaso en todo lo demás. Posiblemente ya has prestado atención a este indispensable preliminar. Si ya lo has hecho, entenderás cuán importante es, y al comienzo de este estudio, es mejor empezar por reafirmar tu decisión.

Antes de dar la vuelta a esta página, toma lápiz y papel y escribe la respuesta a la siguiente pregunta:

¿QUÉ ES LO QUE QUIERES?

Al tomar formalmente una decisión, das el primer paso en la dirección correcta. Lo que has escrito es probablemente un borrador que está lejos de ser una declaración. Escribe una sola frase, que sea concisa. Decide una meta simple, algo que puedas lograr con tus habilidades y los medios a tu alcance. Tu frase debe expresar un único objetivo. Comienza tu frase así: *Aplico todos mis poderes para lograr el siguiente objetivo.*

Luego, establece con precisión lo que deseas lograr. Recuerda que tu frase debe expresar un único objetivo.

Si tu mayor objetivo es un proyecto a largo plazo, que incluye varias etapas intermedias, empieza dirigiendo tu práctica al primer paso, mientras mantienes en mente el objetivo final. Tan pronto como la primera etapa se haya completado, comienza a aplicar tu práctica al siguiente paso. No te permitas quedarte a medio camino.

No se puede hacer demasiado hincapié a la importancia de este primer paso. Hasta que no lo hayas hecho, no leas nada más. Hasta que no escribas en papel UN OBJETIVO, precedido por la declaración específica de intención mencionada anteriormente, estarás desperdiciando tiempo y energía si continúas leyendo. Así que detente y hazlo ahora.

Lo que Realmente Quiero de Verdad, Verdad

¿Por qué hacer esto? *Porque siempre y cuando tu anhelo cumpla con las leyes de la vida y la justicia*[1], puedes ser lo que quieras ser, hacer lo que quieras hacer, tener lo que quieras tener.

Nota el eco de ese verbo. Indica la imperiosa necesidad de anhelar o necesitar, no un deseo insignificante y tímido. Un *anhelo* real tiene la cualidad de la realeza. Es *imperioso*, cualidad que *corresponde a un emperador o soberano; comandante, ascendente*. Además, la antigua raíz latina de *imperativo* e *imperioso* es un verbo que significa "ordenar, regular".

Esta es la magia de un anhelo real. Te indica la dirección correcta. Regula el ejercicio de todos tus poderes. Pone tu vida en armonía con el orden universal. Te prepara para el éxito, porque el significado literal del éxito es "hacer que las cosas y los eventos se sucedan en la secuencia correcta".

Puedes ser, hacer y tener todo lo que quieras, porque el estado mental que se expresa con este verbo siempre te permite poner tu anhelo en imágenes específicas. Los deseos son vagos. Las esperanzas son vagas. Los anhelos genuinos están claramente definidos.

Las Imágenes Mentales Claras se Materializan

Una imagen mental clara tiende a materializarse como una condición o evento real.

Memoriza esta frase. Las imágenes definidas tienen poder impulsor. Como las semillas, tienen vida propia. Utiliza este poder mágico, y habrás dado el primer paso para ponerlo bajo tu mando y puedas así construir con él.

¡Tú sabes lo que quieres! Has elegido tu objetivo. De ahora en adelante, progresarás constantemente hacia él. Cada etapa del camino está trazada para ti por otros que ya han pasado por el mismo camino. No hay conjeturas en estas instrucciones. No son teóricas ni experimentales. Estos métodos han sido probados y comprobados por miles de personas que son testigos de su valor práctico y su poder inspirador. Te has asociado con una compañía de hombres y mujeres que están en el camino hacia el éxito. Su habilidad está ligada a la tuya, a través de la participación de intereses comunes y la práctica de métodos similares. Te has involucrado con ellos en un esfuerzo conjunto para la mejora de la raza humana, a través de la mejora de las personas individuales.

No importa cuán lejano parezca tu objetivo, hoy has dado la vuelta y te ha sorientado en la dirección correcta. La mayoría de las personas nunca empiezan. No tienen ningún propósito dominante, ningún procedimiento planeado, ni un destino en particular. Por lo tanto, nunca llegan a ninguna parte. El primer paso para el éxito es elegir un objetivo. De lo contrario, no se llega a ningún sitio.

El Poder de la Acción

La mera aspiración no te llevará a tu meta elegida. Ahora debes ponerte a trabajar. Eliphas Levi (Alphonse Louis Constant) dijo,

Toda intención que no se reivindique con hechos es una intención vana, y el discurso que la expresa es un discurso inútil. Es la acción la que prueba la vida y establece la voluntad. No somos juzgados de acuerdo con nuestros pensamientos e ideas, sino de acuerdo con nuestros actos. Debemos actuar para ser...

Para hacer algo, debemos creer en la posibilidad de hacerlo, y esta fe debe traducirse inmediatamente en actos. Cuando un niño dice, "No puedo", su madre responde; "inténtalo". La fe ni siquiera lo intenta, comienza con la certeza de llevar a cabo, y procede con calma, como si la omnipotencia estuviera a su disposición y la eternidad frente a ella. Atrévete a formular tu deseo, luego ponte a trabajar de inmediato, y no ceses de actuar de la misma manera y con el mismo fin. Lo que quieres se hará realidad. De hecho, ya ha comenzado.

El Gran Agente Mágico

Como si la omnipotencia estuviera a tu disposición. En esta frase, Eliphas Levi nos dice un gran secreto, porque la Omnipotencia o TODO PODER o GRAN AGENTE MÁGICO está a nuestro servicio.

Eliphas Levi describe el TODO PODER como:

Hay una fuerza en la naturaleza que es mucho más poderosa que el vapor. Basta con una sola persona que sepa dominarla o dirigirla para llenar al mundo de confusión y cambiar su faz. Se difunde a través del infinito; es la sustancia del cielo y de la tierra. Cuando produce brillo, se le llama luz. Es sustancia y movimiento al mismo tiempo; es un fluido y una vibración perpetua. **La voluntad de los seres inteligentes actúa directamente sobre esta luz,** *y a través suyo, actúa sobre la naturaleza, que está sujeta a las modificaciones de la inteligencia.*

Dominar y dirigir al Gran Agente Mágico es realizar la Gran Obra, es ser amo del mundo e incluso el depositario del poder de Dios.

Siendo el instrumento de la vida, esta fuerza se acumula naturalmente en los centros vivos. Se adhiere tanto al núcleo de las plantas como al corazón del hombre y al sistema nervioso simpático. Se identifica con cada una de las vidas de las que anima su existencia. Estamos saturados de esta luz, y la proyectamos continuamente para hacer espacio para más. *El asentamiento y la polarización de esta luz alrededor de un centro produce un ser vivo. Atrae toda la materia necesaria para perfeccionarlo y preservarlo.*

El Gran Agente Mágico tiene cuatro propiedades: disuelve, consolida, estimula y modera. Estas cuatro propiedades, dirigidas por la voluntad de los seres humanos, pueden modificar todas las fases de la naturaleza.

La electricidad, que es luz cuando produce brillo, se considera sustancia (partícula) y movimiento (onda) a la vez. La omnipotencia se difunde por todo el universo, en espacios medidos en términos de millones de años luz. Ella es la fuente de todo en el mundo físico. Usando el Todo Poder, podemos tanto regular la temperatura de una habitación como producir frío intenso en pleno verano o calor tórrido en pleno invierno.

El Dr. George Crile ha ofrecido pruebas de que el cuerpo humano es una máquina eléctrica. Se ha inventado un aparado que demuestra que nuestros cuerpos son centros de esta fuerza, que envían finas radiaciones, las cuales son imperceptibles para los cinco sentidos corporales.

Manipulando al Gran Agente Mágico

El pensamiento y la voluntad humana actúan directamente sobre el Gran Agente Mágico. Es por esto que cualquier persona que se aplique constantemente puede alcanzar el dominio sobre sí mismo y sus circunstancias.

Cada uno de nosotros vive en un mundo de su propia creación, construido de acuerdo a su patrón mental imaginado.

Cambia el patrón y cambiarás el mundo. Siempre estás actuando directamente sobre esta fuerza que se centra en ti. No tienes que aprender a hacer esto, como tampoco tienes que aprender a digerir la comida o enseñar a tu corazón a latir. Trata de fijar este hecho en tu mente. Todos los días, hasta este momento, has ejercido el control sobre esta fuerza, y la has dirigido por medios mentales. El mundo en el que te encuentras habitando ahora mismo es el mundo que has construido para ti mismo. Si no te conviene, puedes cambiarlo.

Estas lecciones no te enseñan cómo obtener poder o dominar las fuerzas ocultas. No necesitas lo que ya posees. No necesitas convertirte en lo que ya eres. La fuerza oculta siempre responde a tu dirección mental. Cualquiera que sea el patrón que imprimas sobre ella, es ese patrón el que seguirá.

La mayor lección es cómo usar el poder que posees y aplicar tu maestría natural sobre el Gran Agente Mágico para producir las manifestaciones que deseas.

Por lo tanto, el propósito principal de estas instrucciones es enseñarte cómo hacer el tipo correcto de patrones mentales.

Aquellos que estamos comprometidos con este trabajo nos llamamos *Constructores del Adytum*. El adytum es la casa de Dios, el santuario interior donde habita la divinidad. El adytum también es nuestro cuerpo, que es capaz de transformarse. Así como el constructor de una casa reúne materiales de diversos lugares y los arma de acuerdo a un plan, nosotros tomamos la materia prima de la experiencia humana y le damos forma de una manera determinada. El objetivo que se pretende alcanzar es hacer hombres y mujeres que sean dueños de sí mismos y de su entorno. Alcanzar este objetivo es saber que uno es *depositario del poder de Dios*.

Para construir el adytum, debemos aprender a controlar nuestros cuerpos, a dirigir las corrientes nerviosas que corren por ellos, a equilibrar las emociones y a dominar las modificaciones de la mente.

Al unirte a nuestra iniciativa, ya tienes un objetivo definido, claramente formulado, de modo que incluso antes de terminar el estudio de esta primera lección, has hecho algo positivo para conducirte hacia el objetivo que has elegido.

Todo el poder que necesitas para completar este trabajo es tuyo AHORA, en este mismo minuto. *No tienes nada que adquirir más que conocimiento*, e incluso el conocimiento ya está presente en el tesoro oculto de tu subconsciente, el cual se describe en el siguiente capítulo.

El Silencio es Oro

La enseñanza más importante se ha dado en esta lección. Recuerda, *mantén tu decisión para ti mismo*. No muestres lo que has escrito a nadie. No lo discutas para nada. Cada noche, antes de irte a la cama, lee tu declaración. Haz lo mismo cada mañana, antes de empezar a vestirte. Una vez que te aprendas las palabras de memoria, destruye el papel y recita el discurso cada noche y cada mañana, hasta que hayas logrado tu *primer objetivo*. Luego, escribe una declaración similar para el *segundo* paso lógico hacia tu objetivo final. Cuando lo consigas, sigue con el *tercer* paso. Mantén tus declaraciones de propósito restringidas a *una a la vez*.

Cumple siempre este pequeño ritual. Es simple, pero es magia genuina. Asegúrate de decir siempre la declaración específica de intención - *Aplico todos mis poderes para lograr el siguiente objetivo*. Esto puede parecer algo insignificante, pero a medida que progreses, entenderás por qué es necesario.

Errores Comunes

A lo largo de los años, algunos estudiantes han tenido problemas para tomar una clara decisión sobre qué es lo que quieren. Como regla general, la dificultad se debe a que eligen un objetivo demasiado distante. Algunos estudiantes piensan que deben apuntar al ideal más alto que puedan evocar, lo cual es un grave error. Debes apuntar a ser algo y a hacer algo, con el propósito específico de realizar un verdadero cambio en tus circunstancias.

Es muy posible que seas capaz de vislumbrar una meta relativamente distante, pero el propósito de esta técnica es permitirte progresar hacia tu *siguiente objetivo definido*, ya que este parece conducirte hacia la meta, si eres capaz de vislumbrarla.

No pierdas un solo momento tratando de pensar en algún objetivo elevado e idealista, lejano en la vida. La vida no se vive por años.

Es un asunto de días, horas - incluso minutos. No te pedimos que te dediques a un ideal. Muchos nos escriben que su única meta es el "servicio", o la "iluminación espiritual", o "conocer la Verdad". Ninguna debe ser clasificada como meta. Son aspiraciones confusas o son síntomas de un deseo de "alejarse de todo".

Ejemplo

Veamos un ejemplo. En el verano de 1933, una joven tomó este curso. Vivía una situación miserable. Tenía un cuerpo enfermo y un marido borracho. No tenía formación especializada ni dinero.

Cuando llegó a la pregunta de "¿Qué es lo que quieres?", se dijo a sí misma: "Quiero ser enfermera, pero, ¿de qué sirve? Ningún hospital me aceptará para enseñarme porque no he terminado el colegio".

Al final, se decidió: "Bueno, de todas formas, es lo único que quiero, y eso es lo que intentaré". ¡Nada más que eso!

Han pasado varios años desde que esa joven se decidió. Durante cinco años, ha estado libre de sus dolencias físicas, ha sido contratada como enfermera y ayudante de un médico. Su jefe le ha ofrecido una mejor formación que la que podría haber conseguido en cualquier hospital.

A propósito, ha superado su desventaja educativa. En el curso de su progreso hacia su objetivo, durante los años 1933 y 1939, abrió oportunidades para otras tres mujeres, las cuales pudieron dedicarse a tiempo completo a una rama especializada de la enfermería, que esta mujer utilizó como su primer paso hacia la realización de su única meta.

Todo su entorno es mucho mejor. Tiene un amplio círculo de amigos. Es una persona completamente diferente de la criatura enferma, miserable y sin esperanzas que parecía ser en 1933. Es una mujer nueva, que vive en un mundo nuevo creado por su imaginario mental.

Tarea

Lee esta lección varias veces a la semana, de modo que estés seguro de comprender toda su importancia. Presta especial atención a la cita de Eliphas Levi. Esto recompensará tu esmerado estudio.

Luego, establece con precisión lo que deseas lograr. Recuerda que tu frase debe expresar un único propósito. Comienza tu declaración de propósito: *aplico todos mis poderes para lograr el siguiente objetivo.*

Recuerda que otros están trabajando contigo. Todos estamos ansiosos por ver que alcances la meta que has elegido. Te has unido a una gran cadena de centros inteligentes del TODO PODER en continua expansión. Estamos trabajando contigo, y nuestro conocimiento y experiencia te será comunicado sutilmente a través del contacto que has establecido.

Sabes lo que quieres. Quieres Lograrlo. Te atreves a Aspirar a ello y a trabajar por ello. Asegúrate de guardar **silencio** *hasta que hayas alcanzado tu meta.*

Estas lecciones te enseñan una técnica para usar una y otra vez por el resto de tu vida. Puede ser aplicada a cada problema y situación que encuentres. Es esencial en nuestro trabajo. Por eso es lo primero.

Las técnicas que se enseñan son *actividades para Aquí y Ahora*. Para hacerlo correctamente, debes decidir algo para lo cual, y hacia lo cual, puedes empezar a ACTUAR - no más tarde, sino AHORA.

CAPITULO 1 – NOTAS

Las Leyes de la Vida y la Justicia

Case dice que *puedes ser lo que quieras ser, hacer aquello que quieras hacer, tener todo lo que quieras tener.* Es una declaración audaz, pero añade la siguiente advertencia: **siempre y cuando tu deseo se corresponda con las leyes de la vida y la justicia.**

En el periodismo, esto se llama "dejar lo mejor para el final". Piénsalo. Antes de jugar un juego, necesitas saber las reglas. ¿Por qué elegir una Meta si va contra las reglas? Si lo haces, seguro que fallarás. ¿Cuáles son estas leyes de la vida y la justicia?

Karma – Enidvadew

Karma significa trabajo y acción. Es la ley de causa y efecto. Se ponen en marcha eventos que pueden tardar siglos en desarrollarse. En esta vida no vemos el panorama completo que nuestra alma ha puesto en movimiento.

En los seis primeros libros de la Biblia Kolbrin, encontré mi mejor definición para el destino y la suerte. También describen una cualidad llamada "Enidvadew" como los *deseos modificados por las leyes*.

Las citas que encontrarás a continuación son del Capítulo 5, *En el Principio*.

Los humanos también son moldeados por sus deseos, pero a diferencia de las bestias y los pájaros, sus anhelos están limitados por las leyes del destino y por la ley de la siembra y la cosecha. Estos deseos, modificados por las leyes, se llaman Enidvadew. A diferencia de las bestias y los pájaros, esto, en el hombre, se refiere más a él que a su descendencia, aunque ellos no son insensibles a esto.

El destino podría compararse a un hombre que debe viajar a una ciudad lejana, tanto si quiere hacer el viaje como si no, siendo el final del viaje su destino. Puede elegir entre ir por el cauce de un río o por una llanura, a través de montañas o bosques, a pie o a caballo, lento o rápido, y todo aquello que ocurra por esta decisión es atribuible al destino. Si le cae un árbol encima porque eligió el camino del bosque, sería el destino, ya que la suerte es un elemento del destino. El destino no deja elección, ofrece una opción limitada que puede ser buena o mala, pero no puede ser eludida. Lo que está predestinado debe suceder, porque en ningún momento puede haber vuelta atrás.

Las circunstancias, Enidvadew del viajero, se ajustan a la ley de la siembra y la cosecha: puede viajar con comodidad o dolor, feliz o tristemente, con fuerza o debilidad, con una carga pesada o ligera, bien preparado o mal preparado. Cuando el destino se establece de acuerdo con los niveles de una vida anterior, entonces las circunstancias del viaje deben ajustarse al deseo. ¿De qué sirve desear un gran destino cuando la ley de la siembra y la cosecha decreta que se debe llevar una carga intolerable por el camino? Es mucho mejor tener menos aspiraciones. Los decretos del destino son muchos, los decretos del destino son pocos.

En el *Libro de Eloma,* podemos leer:

También existe una Gran Ley que el hombre debe cumplir. Existen complejidades de Enidvadew que no se han desvelado, y los complejos caminos del destino y el hado que se deben seguir. A menudo, el precio a pagar por las cosas hechas o no hechas es dolor y sufrimiento, pena y angustia, pero, ¿dónde estaría el beneficio para el deudor si yo le perdonara tales deudas?

Tus deseos son modificados por la Ley, el Destino y el Hado. Así que la audaz declaración de Case de que puedes ser, hacer y tener lo que quieras es una verdad. Pero como todas las verdades, es una verdad a medias. Otra verdad es que puedes ser lo que tu *alma* quiere que seas, hacer lo que tu *alma* quiere que hagas, y ser lo que tu *alma* quiere que seas.

Y así es.

CAPITULO 2

El Subconsciente y sus Poderes

Tu vida en la tierra comenzó con la unión de dos células. Una lleva la historia esencial del linaje de tu padre. La otra resume la historia del árbol familiar de tu madre.

Cuando estas dos células se unieron, el subconsciente tomó el control del desarrollo de tu cuerpo. El subconsciente ha controlado cada función de tu organismo, desde ese día hasta hoy.

Llamamos a este modo de actividad vital subconsciente, porque todo lo que él lleva a cabo está por debajo del nivel de nuestra consciencia. Los psicólogos han acumulado conocimiento sobre sus poderes mediante un estudio minucioso. En este capítulo se encuentra la información necesaria para proceder a la consecución de la meta que has elegido.

Luego de siglos de investigación sobre el cuerpo humano, las ciencias de la biología, la fisiología y la química orgánica están aún en la infancia. Sabemos poco sobre las transformaciones químicas, mecánicas y fisiológicas que suceden en nuestros cuerpos. Pasarán siglos antes de que entendamos todos estos maravillosos procesos.

El subconsciente lo sabe todo acerca de estos procesos. Efectúa ajustes más perfectos que cualquier máquina diseñada por el hombre. Ningún químico puede duplicar algunas de las maravillas que nuestras glándulas realizan diariamente. El subconsciente hace esto tanto para un infante salvaje como para un científico adulto. Ninguna de estas maravillas del control corporal dependen de nuestro conocimiento consciente.

El subconsciente cura todas las enfermedades. Las medicinas no curan. Lo que hacen es establecer una acción química a la que reacciona el verdadero poder de curación, que está oculto en el subconsciente. La cirugía no cura. Tampoco los ajustes mecánicos. Simplemente eliminan los obstáculos para la libre manifestación del oculto poder curativo.

Se puede despertar este poder a través de métodos mentales, que a menudo tienen éxito donde las medicinas, la cirugía y otros ajustes han fallado. No nos malinterpretes. No somos una secta de curación. Sin embargo, los métodos mentales han curado enfermedades donde otros tipos de terapia han fallado. ¿Debemos, pues, abandonar otros sistemas terapéuticos? De ninguna manera. Pero aprenderás maneras prácticas y sanas de utilizar la fuerza curativa mental para poder ayudarte a tí mismo y a los demás.

El poder curativo subconsciente no se limita a la curación de enfermedades funcionales y nerviosas. Las dolencias orgánicas difíciles a veces se curan por medios mentales, pero, ¿por qué no sucede esto siempre? Para ser sinceros, no lo sabemos. En este curso le diremos lo que sí sabemos.

El Subconsciente y la Memoria

El subconsciente mantiene un registro perfecto de todas nuestras experiencias. Todo lo que afecta a nuestros sentidos deja una impresión subconsciente, y cuando se dan las condiciones adecuadas, cualquier detalle de nuestro pasado puede ser recordado. *El secreto de una buena memoria no consiste en retener las impresiones, sino en formar impresiones claras, relacionarlas adecuadamente y traerlas a la superficie de la consciencia cuando las necesitemos.*

Cuando conoces el secreto del recuerdo, tienes a tu disposición la riqueza de la experiencia almacenada en la mente como un resultado de los actos de atención consciente. La práctica nos permitirá hacer uso de un tesoro aún mayor, que contiene un inmenso número de impresiones que han sido registradas sin nuestro conocimiento consciente.

Además, el subconsciente organiza y trabaja sobre esta concentración de registros mentales, y parece tener el poder de pensar. Este razonamiento subconsciente tiene ciertas limitaciones. Se limita a la deducción[1], es decir, a sacar conclusiones de premisas. Los procesos de pensamiento inconsciente tienden a elaborar conclusiones lógicas a partir de una premisa dada. Este proceso deductivo desarrollará tanto supuestos falsos como verdaderos. Por eso hay tantas doctrinas y supersticiones falsas. Por muy lógicas que sean una serie de deducciones, carecen de valor a menos que la premisa inicial sea correcta. Hay que cuidarse de esta tendencia del subconsciente a aceptar suposiciones falsas. Así podrá utilizar sus procesos de pensamiento subconsciente de forma segura y constructiva.

Los Instintos e Intuiciones vienen por vía Subconsciente

Los instintos, por así decirlo, vienen de abajo, y son parte de nuestra herencia subconsciente del pasado. Las intuiciones vienen por vía subconsciente, pero proceden de la supraconsciencia.

Cuando Zerah Colburn, con ocho años, pudo dar la raíz cuadrada de 106.929 instantáneamente, sin detenerse a pensar, la percepción supraconsciente de la verdad matemática se transmitió a su mente consciente a través del canal del subconsciente.

Ha habido niños que han sido capaces de tocar piezas musicales complejas casi tan pronto como les era posible sentarse al piano. Otros han sobresalido en la composición musical antes de llegar a la adolescencia. Líderes en todos los campos han testificado que "algo les dice" las cosas más valiosas que conocen en sus extraordinarias áreas de trabajo. Por ejemplo, el lenguaje cuneiforme sumerio pido ser descifrado porque Rawlinson tuvo la idea de que una frase, "rey de reyes", aparecería frecuentemente en las inscripciones. La frase fue aislada, y su interpretación llevó a la recuperación de todo el sistema de escritura. Tales conjeturas nos llegan de algo que está fuera de la esfera de actividad de nuestros procesos mentales ordinarios. A *efectos prácticos, ese algo es el subconsciente, y puede ser controlado.*

Las personas que desarrollan una destreza excepcional aprenden que esto es cierto. Los mejores tiros de billar, las jugadas más espectaculares en los deportes, los brillantes destellos de genialidad exhibidos por un maestro de ajedrez, son todas manifestaciones del subconsciente. Muchas de las mejores cosas que se han dicho provienen directamente del subconsciente. Aquí es donde un escritor encuentra sus mejores inspiraciones.

Esto no es todo. *La elección de una meta definida, con la determinación de llevarla a cabo, inicia una operación de actividades ocultas, que nos proporcionan los materiales necesarios, y nos ponen en contacto con las personas que necesitamos encontrar para alcanzar nuestra meta.*

Poco antes de su muerte, Edison concedió una entrevista y habló del gran éxito de su amigo Henry Ford: "¿Henry? Pues Henry utiliza su mente subconsciente." El Sr. Ford dijo que siempre que nos decidimos a hacer algo y mantenemos nuestra determinación, enviamos entidades mentales que nos ponen en contacto con otras personas y nos traen los materiales que necesitamos para la ejecución de nuestros planes.

Hasta la fecha no se ha dado una explicación completamente satisfactoria de esta operación oculta de nuestro subconsciente. Ha habido muchos intentos de explicar estos hechos. Los libros sobre Nuevo Pensamiento y Mentalismo han presentado una teoría llamada "Ley de Atracción". Hay otras teorías, algunas plausibles y razonables, y otras extremadamente fantásticas. Lo que sabemos se reduce a esto:

Algo en nosotros, bajo la superficie, hace conexiones para nosotros con lo que necesitamos ser, lo que queremos ser, hacer lo que queremos hacer, y tener lo que queremos tener. Este algo puede ser puesto en funcionamiento por cualquiera que aprenda y practique las técnicas.

Estas operaciones subconscientes son manifestaciones del Gran Agente Mágico. Las enseñanzas de ciertos libros sugieren que el arte de dirigir y usar esta fuerza interior no es algo nuevo. En todas las épocas ha habido personas que entendieron este arte, y han dejado constancia de la esencia contenida en este curso.

Algunos de los registros dejados por estas personas son de apariencia extraña, pero tenemos las claves de su significado. Por lo tanto, podemos darte instrucciones claras que te mostrarán lo que debes hacer para que tu mente y tu cuerpo sean instrumentos efectivos para la realización de tu meta en la vida.

Esta técnica constituye un arte práctico de la vida que ha sido sometido a rigurosas pruebas. La ciencia moderna explica algunas de ellas, pero no todas. Afortunadamente, no se requieren explicaciones completas sobre la eficacia de las prácticas para enseñar estos métodos.

Los Poderes del Subconsciente

Un niño puede aprender a nadar, aún sin tener conocimientos científicos de las leyes de la física. Tú puedes aprender a dirigir tus poderes latentes, aunque no seas capaz de entender por qué su práctica produce los resultados obtenidos.

Fija tu atención en los poderes que puedes utilizar inmediatamente para alcanzar la meta que has elegido. Cuando le das instrucciones al subconsciente, empleas fuerzas que te pueden capacitar para:

1. Mantener tu cuerpo funcionando de manera eficiente.

2. Desarrollar tu conocimiento intuitivo de las leyes de la naturaleza que debes utilizar para lograr tu META.

3. Ponerte en contacto con las personas y las cosas que necesitas para alcanzar tu meta elegida.

La declaración que escribiste en el capítulo uno significa más de lo que te imaginaste al principio. Cuando dices, "Aplico TODOS mis poderes", estás incluyendo poderosas fuerzas subconscientes, así como otros poderes de tu personalidad. Al elegir tu meta específica, has puesto en marcha la agencia subconsciente que ha ayudado a miles de personas a crecer en sabiduría, poder y felicidad.

Puedes usar el Gran Agente Mágico y dirigir sus corrientes para cualquier fin concebible. Es tuyo, y lo puedes controlar y emplear para producir cambios revolucionarios en tu personalidad y en tus circunstancias. *Ahora eres parte de un movimiento organizado, que utiliza este poder del subconsciente todos los días y a todas horas del día.*

Algunos de los logros de las personas relacionadas con este movimiento han sido asombrosos, y estas personas no son más inteligentes que tú.

Dedica una semana completa al estudio de esta lección. Continúa diciendo tu declaración de propósito cada mañana y cada noche. Mientras dices las palabras, *recuerda que éstas están plantando potentes sugerencias en tu subconsciente, a las que éste responderá de manera certera y completa.*

CAPITULO 2 - NOTAS

Razonamiento Deductivo

El subconsciente posee poderes de razonamiento deductivo.

En el razonamiento deductivo, las conclusiones se extraen de un conjunto de datos. Considera este ejemplo:

Todos los hombres (A) son mortales (B).   1ª premisa

Sócrates (C) es un hombre (A).   2ª premisa

Por lo tanto, Sócrates (C) es mortal (B).   Conclusión

O este otro ejemplo:

Si A = B   1ª premisa
Si C = A   2ª premisa
Por lo tanto, C = B   Conclusión

Por otro lado, el *razonamiento inductivo* hace amplias generalizaciones a partir de observaciones específicas. Por ejemplo, tienes una bolsa con monedas. Las tres primeras monedas que sacas son centavos. Así, concluyes que todas las monedas de la bolsa son centavos. Por supuesto, la premisa, "todas las monedas en la bolsa son centavos", puede ser acertada o no.

CAPITULO 3

El Subconsciente y su Funcionamiento

En el Capítulo Dos, aprendiste sobre el subconsciente y sus poderes. La ley que te permite hacer el mejor y más completo uso de tu poder subconsciente puede ser declarada de la siguiente manera:

EL SUBCONSCIENTE SIEMPRE ES DÓCIL AL CONTROL POR SUGESTIÓN.

Esta lección te ayudará a aprovechar su funcionamiento. Primero, asegurémonos de que entiendas la declaración anterior.

El diccionario estándar define *dócil* como,

1. 1. Sujeto a la autoridad; fácil de persuadir o controlar.

2. 2. Sumiso; manejable.

Estos matices de significado se aplican al uso de "dócil" en relación con el subconsciente.

Puedes llamar al orden al subconsciente cada vez que parezca estar fallando en su trabajo. Siempre está sujeto a tu autoridad. Es sumiso y manejable. Su respuesta a tu autoridad no es una rendición a regañadientes ni falta de voluntad. Es fácil de dirigir y de guiar. La facilidad con la que puedes manejar su funcionamiento es asombrosa.

Mucho de lo que se ha escrito sobre el subconsciente da la impresión de que es difícil dirigir sus actividades. No hay nada más lejos de la verdad. El subconsciente es fácil de manejar y nunca se resiste a nuestros esfuerzos por controlarlo.

Precisamente porque es tan fácil de dominar, el subconsciente puede parecer extremadamente terco. Siempre que pensamos que el subconsciente opone resistencia, responde a la sugestión que le hemos dado de oponer resistencia, y continuará haciéndolo hasta que no le proporcionemos una contrasugestión claramente definida. El subconsciente es fácil de manejar una vez que se sabe cómo hacerlo.

Controlar cualquier fuerza es ejercer una influencia directa o restrictiva sobre ella. Esto requiere énfasis. El subconsciente no puede darse órdenes a sí mismo, y ni mucho menos puede mandarnos a nosotros. Para que sus maravillosos poderes puedan servirnos para bien, se deben limitar.

Dejar al subconsciente a su libre albedrío es una locura. En los hospitales estatales hay mucha gente que se rindió ante los impulsos incontrolados del subconsciente. Nadie puede obtener salud, éxito o felicidad permitiendo que el subconsciente se desenfrene.

Por otro lado, control no significa intromisión. Debemos darle instrucciones, pero también tener cuidado de permitirle a esta mente interna y profunda la libertad de obedecer nuestras instrucciones a su manera. Supongamos que queremos salud. Sabemos que el subconsciente lleva a cabo todo el trabajo de construcción del cuerpo. A nosotros no nos conciernen los procesos, sino el resultado.

El segundo punto que debes tener en cuenta es que TU TRABAJO CONSCIENTE TERMINA CUANDO FORMULAS UNA IMAGEN CLARA Y DISTINTIVA DEL RESULTADO DESEADO Y HAS ENTREGADO ESA IMAGEN AL SUBCONSCIENTE, DE MANERA QUE ESTE RECIBA LA IMPRESIÓN Y ACTÚE SOBRE ELLA.

Miedo es Igual a Fracaso[1]

Ten siempre una confianza absoluta en los poderes del subconsciente. Dudar o estar ansioso con respecto a los resultados, o repetir demasiado las sugerencias imprime un patrón de miedo, y el subconsciente se pone a trabajar inmediatamente para materializar el patrón de miedo que ha recibido.

Por eso es necesario que entiendas el Capítulo 2 antes de seguir adelante. El conocimiento de los poderes subconscientes en el Capítulo 2 te ayudará a desterrar los estados de ánimo de duda o ansiedad. Cuando entiendes de verdad lo que el subconsciente es capaz de hacer, tendrás la completa certeza de que tus peticiones se cumplirán.

¿Qué es una *Sugestión*[2]?

Existe cierta confusión en cuanto al significado de sugestión. Algunos dicen que una sugestión es cualquier cosa que haga una impresión en el subconsciente. Esto es cierto, pero es una definición algo imprecisa, y lo que necesitamos saber es, en términos precisos, qué es lo que causa la impresión necesaria en el subconsciente.

Otros dicen que la sugestión son órdenes impresas en la mente durante estados hipnóticos o mesméricos. Tales estados son el resultado de la sugestión, y excepto en las condiciones anómalas que estos estados presentan, el subconsciente NO es susceptible de recibir órdenes directas.

Una buena sugestión necesita cierto grado de sutileza. Es una indirecta, una insinuación. Una sugerencia efectiva es indirecta. El subconsciente responde más fácilmente a lo que se implica que a lo que se afirma, declara u ordena explícitamente.

Lo hace porque el razonamiento subconsciente es deductivo. Su forma natural de razonar es calcular insinuaciones y llevarlas a sus conclusiones lógicas. Para poder utilizar tus poderes subconscientes de la manera más ventajosa posible, debes tener en cuenta esta característica.

UNA SUGESTIÓN ES CUALQUIER COSA QUE INSINÚE AL SUBCONSCIENTE LA RESPUESTA DESEADA.

No tienes que coaccionar al subconsciente. Tienes que adquirir el arte de sugerir suavemente lo que quieres que se haga. De ahí que la Tabla Esmeralda diga: *suavemente, y con gran habilidad.*

Ahora entiendes que *el subconsciente siempre está dispuesto a ser controlado por medio de la sugestión.* Todos los poderes descritos en el Capítulo 2 pueden ser dirigidos por ti. La responsabilidad de la dirección correcta recae en ti. Tu subconsciente siempre responde y es fácil de gobernar cuando trabajas con él de la manera correcta. Lo que tienes que aprender y practicar ahora es *el arte de transmitir al subconsciente el tipo de impresiones que le sugieran lo que debe hacerse.*

Ganar aptitud en este arte requiere tiempo y perseverancia, pero el trabajo no es difícil. Lo que lo hace parecer difícil es la ignorancia sobre el procedimiento correcto.

Los curanderos juegan con esta ignorancia. Afirman que solo sus métodos funcionan y difunden falsas nociones de que controlar el subconsciente es arduo, complejo y hasta peligroso.

Realmente, esto no es así. Llevas controlando a tu subconsciente por sugestión toda tu vida. Has estado dando a tu fiel sirviente todo tipo de insinuaciones, tanto positivas como negativas. El resultado de su perfecta obediencia depende de la clase de sugestiones que le hayas dado.

Por ejemplo, todos queremos una salud perfecta, y quizá hayas probado muchos métodos para conseguirla. Algunos utilizan afirmaciones o declaraciones con la intención de hacer que su subconsciente responda. Si has tenido éxito, es porque le has dado sugestiones útiles. Si has fracasado, es porque tus afirmaciones y órdenes fueron contrarrestadas por el poder sugestivo de tus formas *habituales* de pensar, imaginar, hablar y actuar.

Incluso una sugerencia perfectamente concebida sobre la salud fracasará si se contradice con cientos de pensamientos de miedo, descuidando la selección de los alimentos o por rehusar dar a tu cuerpo la provisión necesaria de agua, aire y luz.

LO QUE HACES Y PIENSAS TODO EL DÍA SE GRABA EN EL SUBCONSCIENTE

El mensaje más potente que le puedes enviar al subconsciente son tus acciones. Si tus acciones no se corresponden con tus palabras, la sugestión que llega y afecta a nuestra consciencia interior es la sugestión de nuestras ACCIONES, no la de nuestras declaraciones o afirmaciones.

Formar un patrón mental de salud perfecta y luego negarle a tu cuerpo los materiales para construir salud, es darle a tu subconsciente el tipo más fuerte de contra-sugestión. En lugar de salud, lo que realmente quieres es una enfermedad. Y siempre obtienes lo que pides.

Formular un patrón mental para el éxito en un nuevo emprendimiento es excelente y necesario. Sin embargo, el subconsciente no trabajará sobre ese patrón si despilfarras tus recursos. El subconsciente tampoco construirá tu negocio si tu casa y tu oficina estén desordenadas. El éxito y el orden son sinónimos. Hasta que no mantengas el orden lo mejor posible con lo que tienes ahora, todas las sugerencias de éxito se verán contrarrestadas por los sutiles indicios de fracaso transmitidos por la condición desordenada de tu entorno.

Estos ejemplos se dan para dejar claro que el subconsciente no solo es susceptible a las sugestiones dadas en ciertos momentos, sino que es susceptible *siempre* y obedece a la sugestión *predominante*. No hay una fórmula mágica para el éxito si eres desordenado. Si quieres salud, no descuides las reglas de higiene. No serás feliz si persistes en interpretar negativamente tu experiencia.

El Subconsciente es Controlado desde el Nivel de Percepción Consciente

Lo que pensamos, decimos y hacemos a lo largo del día proporciona la mayor parte de las impresiones que recibe el subconsciente. Por lo tanto, tenemos que tener consideración con nuestros *cuerpos*, luego, tenemos que prestar atención a nuestra *forma de hablar*, y, después de esto, estaremos listos para observar nuestros *pensamientos*.

El trabajo comienza con nuestro cuerpo, porque es nuestro instrumento para todo lo que logramos. Este no es un curso sobre dieta o higiene, y no entraremos en detalles sobre estas materias. Dedica tiempo a conocer las necesidades de tu cuerpo en cuanto a comida, agua, aire y luz. La realidad, no las fantásticas teorías de los fanáticos y los charlatanes. Luego, pon este conocimiento en práctica.

Al hacerlo, le das a tu subconsciente el indicio más fuerte posible de que quieres que construya un cuerpo sano. Más adelante encontrarás instrucciones sobre cómo formular los modelos mentales correctos, pero recuerda que no puedes hacer un cuerpo sano sin los materiales necesarios, así como tampoco puedes construir una casa con solo mirar los planos del arquitecto.

Cuando hayas aprendido los requisitos para construir un cuerpo sano, presta atención a tu entorno. Comienza con tu ropa. Asegúrate de que esté limpia y bien cuidada. Luego, asegúrate de que tu casa esté limpia y ordenada, especialmente el lugar donde duermes. Tu espacio de trabajo también debe estar limpio y ordenado, aunque allí no seas libre para llevar a cabo tus ideas. Puedes mantener en orden todos aquellos detalles de los que eres responsable. Sigue estas simples reglas, y le darás a tu subconsciente la más poderosa sugestión de éxito.

Lo que debes hacer para controlar tus palabras y pensamientos se explicará en capítulos posteriores. La habilidad para hablar de manera constructiva y para la formulación de ideas creativas proviene de prácticas que requieren una descripción extensa.

Empieza de inmediato a poner en práctica los consejos de esta lección. Así darás tus primeros pasos hacia el éxito.

CAPITULO 3 – NOTAS

Miedo es Igual a Fracaso[1]

Cuando practiques la técnica de visualización, no empieces con algo que tenga una fuerte carga emocional. Comienza con algo sencillo. Puede ser tan simple como encontrarte una moneda, recibir una llamada telefónica, o ver al pájaro carpintero que hace ruido por las mañanas.

Haz que este sea un ejercicio divertido y sencillo.

Una Sugestión es un Indicio[2]

Case dice que una buena sugestión necesita un grado de sutileza, y que una sugestión es un indicio de lo que quieres.

Por ejemplo, has sufrido una contractura muscular del bíceps. Una posible sugestión podría ser: *Aplico todos mis poderes para lograr el siguiente objetivo: mis músculos del bíceps están sanos y bien*. Sin embargo, esta sugerencia no es un indicio.

Una mejor sugestión sería: *Mis músculos del bíceps están llenos de luz curativa*. A través del razonamiento deductivo, el subconsciente actúa sobre mi sugestión.

Incluye a Otras Personas

Cuando visualices tu Único Objetivo, incluye a otras personas. ¿Cómo se benefician otras personas cuando logras tu objetivo? Si quieres un auto, ¿es solo para ti, o es un auto familiar? Aunque el auto sea solo para ti, tu jefe también se beneficiará porque dispones de transporte fiable para ir al trabajo.

Incluir a otras personas en tu Único Objetivo tiene dos propósitos. Primero, considerar a otras personas en tu Objetivo aumenta el número de conexiones que el subconsciente puede hacer. Segundo, la técnica nos ayuda a ver la codicia personal. Esta técnica no funciona todo el tiempo, pero cuando sueñas con artículos de gran valor, esta técnica es útil.

La Visión Mágica

Luego viene el trabajo de cultivar la visión mágica. Considera la premisa de que la magia siempre funciona, pero nunca de la manera que piensas que lo hará. ¿Tienes ojos para ver y corazón para entender cuando tu Único Objetivo se ha manifestado?

Si aspiraste a un coche y conseguiste un scooter, has tenido éxito. No te mortifiques cuando no consigas exactamente lo que quieres. Si tienes un perro y le pides que te traiga tus pantuflas y te trae una pelota, ¿riñes al perro? Por supuesto que no, ¡es adorable! Así que cuando tu subconsciente no te traiga exactamente lo que visualizaste, agradécelo muy amablemente, e inténtalo de nuevo. No maltrates a tu subconsciente cuando "falle".

CAPITULO 4

Fundamentos del Ocultismo

TODO LO QUE HAGAS PARA ALCANZAR EL OBJETIVO QUE HAS FORMULADO DEBE SER REALIZADO A TRAVÉS DE ALGUNA FORMA DE ACTIVIDAD CORPORAL.[1]

¿Es esta una verdad tan evidente que no vale la pena mencionarla? Sin embargo, la experiencia demuestra que pocas personas la tienen en cuenta o comprenden todo lo que ella implica. Nada es más común que el descuido de este primer principio del arte de vivir. De ahí la necesidad de subrayar la importancia de este principio en este curso de instrucción práctica.

Pensar es una acción tan corporal como cualquier otra acción (cortar un árbol, por ejemplo). El tipo de actividad física más importante es el pensamiento. Para que nuestro pensamiento sea más productivo, debemos entender que el pensamiento es una función del cerebro, así como la respiración es una función de los pulmones.

Cada función de la personalidad humana es el trabajo de un grupo de células. Tu cuerpo contiene alrededor de treinta trillones de células. Su funcionamiento es la base de lo que piensas, dices y haces. El cumplimiento de tu único objetivo se logra a través de la acción de las células. El poder expresado a través de treinta trillones de células es lo que te permite ser lo que quieres ser, hacer lo que quieres hacer y tener lo que quieres tener. ¿Qué es este poder?

Vida Orgánica e Inorgánica

Tanto los científicos como los ocultistas están de acuerdo en que la vida surge o se manifiesta cuando ciertas combinaciones de elementos químicos están ordenados en patrones específicos. Algunas estructuras están adaptadas para *manifestar* vida. Llamamos a estas estructuras que manifiestan vida como animales o plantas. Otras estructuras no pueden expresar vida y, por lo tanto, están latentes. Estas estructuras son materia inorgánica. Esta materia inorgánica está compuesta de los mismos elementos químicos que la vida orgánica. La diferencia entre un tipo de materia y otra es únicamente estructural. Esta es una doctrina oculta muy antigua.

El Poder de la Luz o el Poder Vital

Cada célula está formada por elementos químicos. Estos elementos, y el agua en la que se mezclan, se componen de estructuras más pequeñas llamadas átomos.

La verdadera sustancia de cada átomo es la "energía radiante" o la "luz", llamada también a veces electromagnetismo. Estos solo son nombres diferentes para una misma cosa. Así, el material de las células de tu cuerpo es el *poder de la luz*. Además, la energía que se manifiesta como actividad en estas células es el mismo poder de la luz. La función de cada célula es el resultado del poder de la luz que fluye a través de esa célula.

Este poder de la luz es también la sustancia de todo lo demás en el universo. Todo cuanto existe es una modalidad de esta luz. Es el poder en las reacciones químicas de los materiales inorgánicos. El mismo poder se expresa a través de las plantas, el cuerpo humano, y, principalmente, a través del cerebro humano, que es el que produce el fenómeno característico de la personalidad humana.

La energía radiante construye la estructura de las formas inorgánicas y también construye nuestros cuerpos, lleva a cabo las funciones de las plantas, los animales y el ser humano. Este poder de la luz también debe ser el Poder Vital, ya que las actividades mentales y físicas de los seres vivos están incluidas entre sus formas de manifestación.

El Poder Vital es a la vez la sustancia y la fuerza operativa en cada célula de nuestros cuerpos. Sin embargo, este poder no se limita a esas células o a las diversas estructuras de nuestro entorno. De ahí que Eliphas Levi escribiese, "Está distribuido por todo el infinito; es la sustancia del cielo y la Tierra".

El Poder Vital construye, a partir de sí mismo, todas las estructuras físicas, incluyendo las células de nuestro cuerpo. El universo físico no es el resultado de la acción del Poder Vital sobre otra cosa llamada *materia*. Hay una única *cosa* en el universo, y esa es la energía consciente del Poder Vital.

La consciencia es un polo de esta única realidad. En este curso, el término *Consciencia* también significa *Espíritu*. *Energía* designa al *Poder Activo*. Todas las formas y objetos son expresiones particulares de este Poder Activo, que es la única realidad detrás de la *materia* física. Al actuar sobre sí mismo, el Poder Vital causa que todos los tipos de fuerza lleguen a existir y produce todas las variedades de estructura existentes.

Cuando el Poder Vital se manifiesta en tus músculos, estos se contraen, lo que causa muchos cambios químicos y eléctricos complejos. Cuando el mismo poder opera a través de tus células cerebrales y otros centros de tu sistema nervioso, se manifiesta como ciertos estados de consciencia, y también expresa las aptitudes de la personalidad humana conectada con esos estados mentales.

Ha llevado millones de años llevar al organismo humano a su actual estado de desarrollo, el cual no ha cesado. El Dr. Frederick Tilney dice que en los próximos años desarrollaremos centros cerebrales que nos permitirán ejercer poderes que ni siquiera podemos soñar ahora.

La Gran Obra

En cada generación han vivido hombres y mujeres que han sido capaces de ejercer poderes mentales y físicos inusuales. También los hay hoy en día, y uno de los propósitos de este curso es aumentar su número. Su excepcional dominio sobre sí mismos, su influencia sobre los demás, y el extraordinario control de las fuerzas de la naturaleza son el resultado de un orden de desarrollo cerebral superior al de la mayoría de las personas.

Además, existe un sistema de prácticas elaboradas por estos hombres y mujeres inusuales. Este sistema de entrenamiento personal modifica el cuerpo, de manera que cualquiera que haga el trabajo pueda ejercer poderes como los de los miembros de la Escuela Interior.

Las transformaciones físicas son químicas y estructurales. Es decir, el objetivo de algunas de estas prácticas es provocar cambios en la composición de la sangre, la linfa y las secreciones glandulares. Otras fases del trabajo están diseñadas para alterar la constitución de grupos de células en el cerebro y el sistema nervioso.

Con el fin de poner en práctica estas prácticas, es necesario saber que no estamos tratando de trabajar sobre una entidad difusa e invisible llamada *mente*. Produciremos una serie de cambios en nuestros cuerpos para que sean capaces de adaptar el Poder

Vital a formas singulares de fuerza que no se expresan a través del organismo humano promedio.

Para efectuar estos cambios, consulta el Capítulo 3. Puesto que el subconsciente es el constructor del cuerpo, y está abierto a las sugestiones, siempre que sepamos cómo darle el tipo correcto de insinuaciones, podemos ponerlo a trabajar en los procesos que llevarán a la modificación química y estructural mencionadas.

Podemos hacerlo porque tenemos conocimientos sobre este proyecto. Debido a la naturaleza de este trabajo, este conocimiento permaneció hasta hace poco en manos de unas pocas personas. Incluso ahora, un número relativamente pequeño de estudiantes están listos para recibir la instrucción técnica.

En el pasado, la ignorancia generalizada de la raza humana hacía que fuera peligroso comunicar este conocimiento por parte de aquellos que lo poseían. No porque quisieran guardárselo para sí mismos, sino porque sus esfuerzos por enseñarlo se topaban con el ridículo, la persecución y la resistencia organizada. Los sabios se vieron obligados a ocultar sus verdaderos puntos de vista a las masas.

La ignorancia y la intolerancia siguen presentes en el mundo, pero su poder es menor que antes. Durante los últimos cincuenta años (esto fue escrito alrededor de 1936), ha habido avances en el conocimiento y la educación general, y ahora es posible hablar más abiertamente que en épocas anteriores. Lo que antes se escribía en parábolas, paradojas y enigmas puede ahora, hasta cierto punto, ser expresado sin tapujos. Mucha de la información que se limitaba a la expresión simbólica, entendida sólo por los iniciados, ahora se relata en lenguaje claro.

Esta expresión directa y abierta de la doctrina esotérica es el objetivo de nuestro programa. En este capítulo se te ha dado la idea fundamental que está en el corazón de las enseñanzas ocultas del pasado.

A través de la paciencia y la práctica, los sabios habían llegado a la conclusión de que la fuerza que la humanidad puede emplear para liberarse de los grilletes de la pobreza, la enfermedad y el fracaso es el Gran Agente Mágico o Poder Vital. Es la única Energía Consciente que se expresa como luz y vida a través de todo el universo.

Esta fue la antigua enseñanza de la India, Persia, Egipto y de los griegos. Es la doctrina de la Biblia. Hermes Trismegisto la resume así: "Todas las cosas proceden de Una, por la mediación de Una, y todas las cosas tienen su nacimiento de esta Cosa Una por adaptación."

A través de los tiempos, los sabios concuerdan en que la liberación se logra mediante un cambio en la química y la estructura del cuerpo físico, de modo que se convierta en un vehículo más eficaz para la expresión de las ilimitadas posibilidades del Poder Vital.

La idea central en esta enseñanza es que estos métodos para cambiar la química y la estructura del cuerpo son, principalmente, pero no totalmente, mentales. Antes de emprender cualquier trabajo mental, es necesario llevar al cuerpo a un cierto grado de sanidad.

La Primera Regla es la Limpieza, tanto Interna como Externa

Aquellos que pretendan dominarse a sí mismos y a las circunstancias, deben beber suficiente agua para proveer a sus glándulas con el fluido necesario para segregar las sustancias complejas que vierten en la sangre. Deben saber lo suficiente sobre alimentación, para así poder alimentarse, en lugar de envenenarse. También deben aprender a respirar profundamente y practicar hasta que su respiración sea regular y rítmica, así como a mantener la postura correcta para estar erguidos de manera habitual. No se dan detalles aquí porque puedes encontrar lo que necesitas saber con un poco de investigación. Si no haces el esfuerzo necesario para obtener esta información preliminar y ponerla en práctica, no estás listo para una instrucción más avanzada.

Ocúpate de tu Cuerpo

La práctica mental se comentará en los próximos tres capítulos, pero el entrenamiento mental es de poca utilidad para quien no utilice su cerebro para ocuparse de los preliminares previamente descritos. *Los ejercicios mentales solo son efectivos en un cuerpo que se suple con el tipo de alimento adecuado, suficiente agua y bastante aire puro.*[2] En algunos casos, la práctica mental resulta peligrosa mientras que el cuerpo no se limpie de las toxinas acumuladas a lo largo de los años.

Presumimos que tratarás a tu cuerpo con respeto y le darás lo que necesita. De ahora en adelante, se te instruirá en el trabajo mental requerido para poder dirigir al subconsciente. Del rico tesoro del saber oculto transmitida por los sabios, recibirás instrucciones claras y explícitas para poner tus pies en el camino que te lleva a tu objetivo.

Tarea

A modo de preparación, dedica al menos una semana sopesando qué tipo de actividades corporales se requieren para realizar el deseo de tu corazón. Si tienes dificultades para hacerlo, es probable que tu objetivo no sea lo suficientemente específico, o porque estás tratando de ver algo que está demasiado lejos.

Recuerda, quieres *ser*, y quieres *hacer*, y el ser y el hacer siempre se expresan mediante la acción del cuerpo. ¿Qué tendrá que hacer tu cuerpo a continuación? ¿Qué acciones físicas debes realizar? ¿Está tu cuerpo preparado para esas acciones? Si no lo está, ¿qué debes cambiar para que esté listo?

Piénsalo cuidadosamente, para que sepas lo que tu cuerpo tiene que lograr. Luego, podrás determinar si tu organismo físico puede o no llevar a cabo cómodamente su parte en la realización de tu propósito. Si lo encuentras deficiente en algún aspecto, *tu siguiente paso es corregir esa deficiencia*. Esto sentará las bases para todas las obras futuras.

CAPITULO 4 - NOTAS

Actos simbólicos[1]

Case dice: "Lo que sea que hagas para alcanzar el Objetivo que has formulado, se debe lograr a través de alguna forma de actividad corporal".

Además de pensar y visualizar, hay otras actividades que puedes realizar. Esa actividad puede ser simbólica de lo que quieres, como por ejemplo, un coche. ¿Cómo se sentiría la llave entre tus dedos? Físicamente, gira tu muñeca y gira la ignición. Este es un acto simbólico y una forma de actividad corporal.

Alimentación y Salud[2]

Case te aconseja que investigues sobre alimentación. Sin embargo, hay mucho ruido en Internet, y es un reto descubrir lo que es esencial. A continuación encontrarás mi lista de consejos sobre este tema.

Azúcar y Fructosa

El azúcar es una fuente de energía que nuestros cuerpos pueden convertir fácilmente en energía. La mayoría de los refrescos contienen jarabe de maíz alto en fructosa. Solo las células del hígado pueden descomponer la fructosa. El resultado son los triglicéridos (grasas), el ácido úrico y los radicales libres. Estos subproductos causan inflamación. Los triglicéridos en el torrente sanguíneo pueden contribuir al crecimiento de placas (depósitos de grasa, colesterol u otras sustancias) dentro de las paredes arteriales. Los radicales libres pueden dañar las estructuras celulares, las enzimas y el ADN. El ácido úrico puede inhibir la producción de óxido nítrico, que ayuda a proteger las paredes arteriales de daños.

La Asociación Americana del Corazón recomienda que nuestra dieta no contenga más del 5% al 7,5% de azúcares añadidos.

> "En general, las probabilidades de morir de una enfermedad cardíaca aumentaron conjuntamente con el porcentaje de azúcar en la dieta, y esto sucedió independientemente de la edad, el sexo, el nivel de actividad física y el índice de masa corporal, que es una medida de peso de una persona". - Publicaciones de Salud de Harvard.

Los edulcorantes artificiales no son mucho mejores, ya que le juegan una mala pasada a nuestros cuerpos. Las investigaciones sugieren que los edulcorantes artificiales pueden evitar que nuestros cuerpos asocien la dulzura con la ingesta calórica. Por lo tanto, ansiamos más dulces, tendemos a elegirlos en lugar de optar por alimentos nutritivos, y ganamos peso. La Biblioteca Nacional de Medicina de los EE.UU., en el campus del Instituto Nacional de Salud, ha dicho sobre esto:

> "Nuestros hallazgos demuestran claramente que la dulzura intensa puede superar la recompensa de la cocaína, incluso en individuos sensibilizados y adictos a las drogas. Especulamos que el potencial adictivo del dulzor intenso resulta de una hipersensibilidad innata a los sabores dulces. En la mayoría de los mamíferos, incluidas las ratas y los seres humanos, los receptores dulces evolucionaron en ambientes ancestrales pobres en azúcares y, por lo tanto, no están adaptados a altas concentraciones de saborizantes dulces. La estimulación supranormal de estos receptores mediante dietas ricas en azúcar, como las que ahora están ampliamente disponibles en las sociedades modernas, generaría una señal de recompensa supranormal en el cerebro, con el potencial de anular los mecanismos de autocontrol y, por lo tanto, conducir a la adicción."

Moraleja: mantente alejado de los refrescos y los edulcorantes artificiales.

Proteínas

Tanto si eres vegetariano como si eres omnívoro, necesitas proteínas para aumentar y reconstruir tus células.

La mejor carne es la de animales que se alimentan de pasto. Ellos dan su vida para que los humanos puedan vivir. Como mínimo, deberíamos proporcionar a estos animales el respeto que se merecen, criándolos en las condiciones más naturales posibles.

Al comer carne criada en pastos, estás enviando un poderoso mensaje a tu subconsciente de que respetas la vida. Además, los animales saludables tienen grasa saludable. Y los animales no saludables tienen grasa no saludable.

Veganismo

En los Estados Unidos, el 94% de toda la soja está genéticamente modificada para resistir al glifosato, principio activo de numerosos herbicidas comerciales, cuya marca más vendida es Roundup. El glifosato aumenta el riesgo de desarrollar Linfoma No Hodgkin. El glifosato es absorbido por la soja y entra en nuestros cuerpos cuando la comemos.

Vegetarianismo

A las plantas no les gusta que se las coman, así que atan sus nutrientes y resultan difíciles de digerir.

"Las toxinas naturales pueden estar presentes de forma inherente en las plantas. Suelen ser metabolitos producidos por las plantas para defenderse de diversas amenazas como bacterias, hongos, insectos y depredadores. Estos pueden ser propios de cada especie y dan a la planta sus características particulares, como por ejemplo, los colores y sabores. Entre los ejemplos comunes de toxinas naturales en las plantas alimenticias figuran las lectinas en las habichuelas (frijoles y alubias); los glucósidos cianogénicos en las semillas de albaricoque, las raíces de bambú, la yuca y las semillas de linaza; los glucoalcaloides en las papas; la 4-metoxipiridoxina en las semillas de ginkgo; la colchicina en lirios frescos; y la muscarina en algunas setas silvestres". - Toxinas naturales en plantas alimenticias, Centro para la Seguridad Alimentaria de Hong Kong.

Cuando somos más jóvenes, nuestros cuerpos tienen una gran digestión y pueden extraer la nutrición necesaria. A medida que envejecemos, nuestros niveles de enzimas disminuyen y la digestión se torna más difícil. Recomiendo que los vegetarianos y los veganos tomen complementos de proteínas, vitamina D y B.

Complementos Alimenticios

La Clínica Mayo recomienda la ingesta de 2 ½ tazas de vegetales al día. La mayoría de la gente, incluyéndome a mí, no ingieren nada parecido a esa cantidad. Por lo tanto, tomo un multivitamínico y multimineral.

Debido a que la vitamina D no se encuentra en muchos alimentos, muchas personas tienen déficit. Esto es especialmente cierto en invierno, cuando te tienes que abrigar y no recibes mucha luz solar. Niveles bajos de vitamina D en el torrente sanguíneo están asociados con enfermedades relacionadas con la edad, incluyendo cáncer, enfermedades vasculares e inflamación. Nuestros niveles de vitamina D dependen de la luz solar. Los estudios han demostrado que, durante los meses de invierno, hay un aumento de infecciones en general.

La cantidad mínima oficial de vitamina D es de 600 unidades por día. Sin embargo, este es el mínimo - la mejor manera de determinar tus niveles de vitamina D es haciéndote un análisis de sangre. En general, los niveles por debajo de 20 ng/mL son insuficientes. La revista *Life Extension* recomienda niveles de vitamina D superiores a 50 ng/mL. Además, la vitamina D es una molécula soluble en grasa, por lo que es mejor tomarla con la comida principal. La única manera de saber cuánta vitamina D tienes realmente es haciéndote un análisis de sangre.

Recuerda, la sugestión más definitiva que puedes enviar a tu subconsciente es la selección correcta de comida y bebida. Al comer alimentos saludables, le estás diciendo a tu subconsciente que quieres salud y bienestar en lugar de enfermedad y dolencias.

Además, no puedes cambiar tus hábitos a menos que le des a tu cuerpo una nutrición adecuada. Eliminar los viejos patrones libera toxinas en el torrente sanguíneo que deben ser eliminadas. Para construir nuevos patrones saludables, necesitas comer alimentos saludables.

Querer tener un cuerpo sano y vivir a base de comida basura es mentirse a uno mismo. El subconsciente siempre es dócil al control por sugestión. Los alimentos que comemos y el ambiente en el que vivimos son las sugestiones más potentes dadas a nuestro subconsciente.

Una Última Consideración

Hay muchas personas que tienen fuertes opiniones sobre todo, incluyendo la comida. El Maestro Jesús dijo: "Un hombre no se contamina por lo que entra en su boca, sino por lo que sale de ella". - Mateo 15:11.

CAPITULO 5

Creando Imágenes Mentales

No tienes necesidad de mentirle al subconsciente para ponerlo a trabajar, para que construya las condiciones que transformarán tu deseo de un hecho mental en una realidad física.

Asegúrate de entender esto. No intentes engañar al subconsciente. *Aprende la verdad sobre ti mismo, repítete esa verdad, y actúa sobre ella.*

La Verdad te Libera

Todo lo que mantiene a alguien enfermo, miserable o necesitado es la ignorancia sobre la verdad de la personalidad humana, su lugar en el esquema de las cosas y sus poderes. Esta ignorancia colorea y da forma a las sugestiones que pasan continuamente del nivel consciente de nuestras mentes al subconsciente. Nos hace mentirnos a nosotros mismos. Debido a que el subconsciente obedece siempre a la sugestión, estas mentiras se convierten en patrones que procede a desarrollar. *El remedio es la verdad.*

Las personas aceptan la mentira de que la enfermedad es una posibilidad razonable, y el subconsciente hace todo lo posible para cumplir esa expectativa. Aceptan la mentira de que todos los recursos y oportunidades pertenecen a unos pocos individuos afortunados.

Debido a que esperan ser pobres, el subconsciente trabaja para dar forma a esa expresión. Aceptan la mentira de que la felicidad es para unos pocos, y el subconsciente construye sobre este patrón trayendo la miseria a sus vidas.

La verdad es que la enfermedad debería ser una rara excepción. Tenemos toda la razón para esperar buena salud. La verdad es que hay más que suficiente riqueza para todos, hay un suministro inagotable, y siempre está disponible para cualquier persona que sepa cómo ponerse en contacto con ella. La verdad es que cualquiera puede ser feliz cuando aprende y vive según las leyes de su propia naturaleza. Un aspirante a ocultista se entrena a sí mismo para esperar salud, para crear imágenes específicas de prosperidad y felicidad.

No intentamos engañar al subconsciente. El conocimiento de nuestras actividades mentales nos permite comprender que poseemos poder, sabiduría y materiales suficientes para manifestar cualquier condición deseable. A través del subconsciente, estamos en contacto con la materia prima necesaria para transformar las formas o condiciones que deseamos que se manifiesten en las realidades físicas de nuestro entorno.

Un orfebre en su taller sabe que en el oro en bruto sobre su mesa de trabajo, en las herramientas que tiene ante él, y en su propia habilidad, ya tiene el hermoso cáliz que se presenta ante los ojos de su mente.

Las circunstancias externas de muchas personas parecen estar en directa contradicción con aquello que desean. Millones de seres humanos están enfermos, son pobres e infelices, pero nosotros sabemos que el poder que entra en cada vida humana a través del subconsciente es plenamente capaz de cambiar estas condiciones.

Las Imágenes Mentales son Reales

En este momento, posees todo lo que quieres como un hecho mental. Un hecho mental es tan real como un hecho físico. Sin embargo, no puedes usar un vestido mental, ni conducir un automóvil mental, y no podrás llevar la prenda, ni conducir el auto físico hasta que entiendas y apliques la verdad de que la imagen mental de una condición deseable es una *posesión real*, a la que debes aferrarte hasta que se materialice como una realidad física.

Mantén tu imagen mental de forma constante ante el ojo de tu mente. Piensa en ella como una realidad *presente*. Sueña con ella. Piensa en ella. Perfecciona sus detalles. Luego, entrégala al subconsciente, tal y como se explica en esta lección y en las siguientes. Tan seguro como que el día sigue a la noche, lo que has creado mentalmente será experimentado como una realidad física visible y tangible.

La visualización, o la creación de imágenes mentales definidas, es de la mayor importancia en el ocultismo práctico. Cuanto más detallada sea la imagen, más claro será el patrón. Sir Francis Galton escribió:

El libre ejercicio de la facultad para visualizar claramente es de gran importancia en relación a los procesos superiores del pensamiento generalizado. Una imagen visual es una forma perfecta de representación mental cuando se trata de la forma y la relación de los objetos con el espacio. Los mejores trabajadores son aquellos que visualizan el conjunto de lo que se proponen hacer antes de tomar una herramienta en sus manos. Estrategas, artistas de todas las denominaciones, físicos que idean nuevos experimentos... y en resumen, todos los que no siguen una rutina, la necesitan. Una facultad tan importante en las profesiones técnicas y artísticas, que proporciona precisión a nuestras percepciones y justicia a nuestras generalizaciones; está hambrienta por la perezosa falta de uso.

Al decidir qué es lo *siguiente* que quieres, das el primer paso hacia la formación de imágenes mentales que el subconsciente materializará. Más adelante se te enseñará cómo completar esas imágenes, y luego se te mostrará cómo darles el poder mágico sugerente que induce al subconsciente a llevarlas a la forma física real.

Cualquiera que sea tu objetivo, cuando se logre, tomará una forma física. ¿Cuál sería? Toma lápiz y papel y escribe las respuestas a las siguientes preguntas.

1. ¿DE QUÉ COLOR ES EL OBJETO QUE PERSONIFICA TUS DESEOS?

Supongamos que quieres un cuerpo sano. Tu imagen mental debe incluir el brillo sonrosado de salud en las mejillas, la blancura radiante de los globos oculares, el tinte saludable de la piel normal y la translucidez de las uñas sanas. Estos son algunos de los detalles del color que tiene un cuerpo sano. Si tu objetivo es la salud, averigua qué otros hay e incorpóralos a tu imagen.

Supongamos que quieres una casa. ¿Cuál será su color exterior? ¿Cuál es la gama de colores de las habitaciones? ¿De los muebles?

Imagina que quieres "ser de ayuda" o "desarrollar la conciencia espiritual". Estos son buenos objetivos, pero no están bien definidos. Ser de ayuda significa *hacer algo*. ¿Cuáles son los detalles físicos? ¿Qué colores tienen estos detalles? Desarrollar la conciencia espiritual hará una diferencia en tu cuerpo y tu entorno. Encuentra los tonos que van con esa diferencia.

2. ¿CUÁLES SON LOS SONIDOS CARACTERÍSTICOS DE LA ENCARNACIÓN DE TU DESEO?

Si la salud es tu objetivo, ¿cómo suena la voz de una persona sana? Al principio, puede que no se te ocurran sonidos en relación con una casa, pero si eso es lo que quieres, inténtalo: te sorprenderás. Da igual lo que quieras, hay sonidos que están conectados con ello. Imagínatelos.

3. ¿QUÉ MOVIMIENTOS SE MANIFESTARÁN POR LA MATERIALIZACIÓN DE TU DESEO?

Aquí hay espacio para muchos y vívidos detalles.

4. ¿DE QUÉ MATERIALES SE COMPONE?

¿Son gruesos o finos? ¿Duros o blandos? ¿Cálidos o fríos? ¿Livianos o pesados? ¿De plástico o de metal?

5. ¿QUÉ OTRAS SENSACIONES, ADEMÁS DE LAS YA INCLUIDAS, SE DESPERTARÁN CON AQUELLO QUE QUIERES?

Repasa cada detalle de tu imagen y escríbelos en papel. Utiliza palabras concretas. Si describes un color, averigua exactamente qué color es, especifica el tamaño y el peso.

Escribir con lápiz y papel hará que tu imagen mental sea más clara y vívida. *Los detalles del movimiento son particularmente importantes.* Si quieres una casa, incluye movimiento. Observa cómo te acercas desde la calle, entras por la puerta principal, caminas por cada habitación, haciendo las cosas para las que cada habitación está destinada. *¡Cuantos más detalles añadas en las imágenes, mejor!*

CREA TU IMAGEN EN EL **PRESENTE**.

Mira tu imagen como una realidad presente. Si tu imagen tiene que ver con un proyecto o una relación personal, ve mentalmente por las distintas acciones que esto implica. Observa estas imágenes mentales como lo que son, *realidades presentes en el plano mental*[1].

Esto es un procedimiento mental. Tus imágenes mentales son realidades que posees en el momento en que las contemplas. Pueden ser esquemas o imágenes completas. Si son imágenes completas, en tres dimensiones, que tienen solidez, peso, forma, color y acción, se materializarán más rápidamente que los meros esbozos en blanco y negro. Sigue las instrucciones cuidadosamente y tus primeros intentos tendrán una buena cantidad de cuerpo y color. Con el tiempo, harás esculturas mentales en lugar de burdos esbozos en una superficie plana.

Esta práctica de hacer imágenes mentales tiene que ver con los resultados tangibles de la materialización. No es lo mismo que el imaginario que llama a los poderes subconscientes para que se manifiesten. Son diferentes, y este último está descrito en el capítulo siete.

Por el momento, practica viendo lo que quieres y manteniéndolo ante el ojo de tu mente como una realidad. Dedica al menos una semana a llevar a cabo estas instrucciones.

En este capítulo has aprendido cómo hacer patrones mentales. En el capítulo seis, aprenderás cómo transferirlos al subconsciente.

CAPITULO 5 - NOTAS

Los Cuatro Mundos de la Cábala

Los cuatro mundos de la cábala son:

Palabra	Hebreo	Significado	Plano
Atziluth	אצילות	Aristocracia, nobleza, emanación. Cercanía.	Espíritu Puro
Briah	בריאה	Creación, producción; el mundo, el cosmos.	Mente Superior
Yetzirah	יצירה	Formación.	Mente Inferior
Assiah	עשיה	Actuar, acción, hacer, desempeño.	Físico

Técnicamente, hay cinco planos. El más alto es Adam Kadmon, pero este mundo es tan trascendente y difícil de describir, que a menudo se omite.

Las imágenes mentales son reales en el plano Yetzirático, mientras que nuestros cuerpos físicos habitan en Assiah.

CAPITULO 6

Transfiriendo Imágenes al Subconsciente

(Fijando lo Volátil)

El subconsciente responde mejor a la sugestión que a órdenes directas, por eso es necesario transferir al subconsciente una imagen específica del resultado que deseas.

Esta imagen no es una orden. Tu declaración formula tu voluntad y tu deseo, pero no intenta forzar a tu subconsciente los medios o métodos por los cuales tu deseo es transformado en una realidad exterior.

Esta imagen específica es necesaria porque evoca asociaciones de ideas subconscientes. Es a través de estas asociaciones, y no forzando al subconsciente a realizar ciertas clases de actividad, que tus poderes ocultos se ponen en marcha.

Recuerda que el subconsciente está *siempre* por debajo del nivel del pensamiento consciente. Así como no puedes ver los cambios que hacen que una semilla se transforme en una planta, tampoco eres capaz de ver el funcionamiento oculto del subconsciente. No resulta productivo estar husmeando en este funcionamiento. Lo que necesitas es un método práctico para plantar tu semilla mental. Esta semilla es una imagen específica de lo que tú quieres.

Cuando hayas formulado tu imagen mental, utilizando lápiz y papel para obtener todos los detalles que se te puedan imaginar sobre su peso, color, tamaño, acción, etc., el proceso de transferir esta imagen al subconsciente puede comenzar.

Silencio

Permítenos repetir la precaución ofrecida en el Capítulo Uno: *mantén un silencio estricto acerca de tu Objetivo*. Este principio de reserva absoluta es uno de los más importantes del campo de la psicología práctica. Conserva la energía que otras personas gastan hablando sobre lo que tienen pensado hacer.

La Biblia está llena de psicología, y en ella se dice que la lengua es un órgano indisciplinado. Hablar sobre tus planes es disipar la energía necesaria para llevarlos a cabo de manera exitosa. Recuerda que *el mundo pertenece a las personas reservadas*. Mantener silencio desarrolla poder, tanto físico como psicológico. Acata esta regla cuidadosamente.

Meditación

Reserva unos pocos minutos cada día. Ve a una habitación donde no te interrumpan, siéntate en una silla cómoda con el respaldo recto. No cruces las piernas. Coloca tus manos suavemente sobre tu regazo. Siéntate erecto, con tu cabeza, cuello y espalda en una línea recta.

No te relajes, pero tampoco te pongas tenso. La postura correcta es aquella en la que cada músculo voluntario está libre de estrés, más plenamente vivo.

Repite tu declaración de propósito una vez de manera firme y vigorosa. Dilo en voz alta si no hay nadie que te pueda escuchar.

Luego cierra los ojos y repasa mentalmente los detalles de la imagen de lo que quieres materializar. Obsérvate, y si tu mente divaga, trae tu atención nuevamente a tu imagen mental.

Como se explicó previamente, mira esta imagen como una realidad presente. Pon toda tu atención en hacer que los detalles aparezcan en tu campo de visión mental. Si no eres "imaginativo", te puedes encontrar recitando una descripción de los detalles de tu imagen en lugar de visualizándolos. Si es así, intenta evocar las imágenes que corresponden a estas palabras. Cuanto más lo intentes, más definidas serán las imágenes.

Comienza con las características más importantes de la imagen mental. Después de que hayas hecho un esbozo de estas características, continúa con los detalles. En las primeras etapas de tu práctica, puede que el periodo de cinco minutos de concentración termine antes de que hayas completado la imagen. *Asegúrate de parar cuando los cinco minutos hayan pasado.*

El siguiente día comienza con un repaso rápido de lo que hiciste el día anterior. Avanza desde el punto donde lo dejaste y desarrolla tu imagen lo más que puedas en cinco minutos. Continúa, día a día, hasta que hayas completado tu patrón mental del resultado deseado.

Al comenzar con un repaso rápido de las características y detalles más importantes de tu trabajo, descubrirás que tendrás tiempo para añadir muchos detalles antes de que se acaben los cinco minutos.

El tiempo empleado en este repaso no debe ser contado como parte de los cinco minutos, pero tampoco debe llevarte mucho tiempo. El periodo de cinco minutos debe estar dedicado exclusivamente a *añadir algo* a lo que ya tienes.

Como todo lo que aprendemos, los primeros pasos en esta práctica son los más lentos. Manteniendo este procedimiento regularmente, a ser posible temprano en la mañana, antes de iniciar la rutina diaria, pronto obtendrás gran habilidad.

A medida que repitas esta práctica una y otra vez durante los próximos años, serás capaz de formar nuevas imágenes más fácilmente y con mayor rapidez. Esta es una de las habilidades más valiosas que puedas adquirir.

Durante tu práctica matutina, mantén fuera de tu consciencia todo pensamiento del futuro. Estás haciendo un patrón mental que existe *ahora*. No importa cuáles sean tus circunstancias externas, tu imagen mental es parte de esas circunstancias. Observa lo que ocurre mientras creas tus imágenes mentales. Descubrirás que *tú*, que eres quien crea las imágenes y las observa, estás en el centro de tu campo espiritual, de la misma manera qué estás en el centro del área física que rodea tu cuerpo. Por lo tanto, tus imágenes mentales son una parte de tu entorno, como lo son los objetos físicos fuera de tu cuerpo.

Más Leyes del Subconsciente

Tus imágenes mentales son las que controlan tus circunstancias. Aunque no seas capaz de encontrar conexiones entre tus imágenes mentales del pasado y las condiciones que estás experimentando ahora, *tus circunstancias actuales son el resultado de tus imágenes de ayer.*

Las respuestas subconscientes a tus imágenes mentales construyen tus circunstancias presentes. Tu futuro será la materialización de lo que te imagines ahora.

Al cambiar tu imaginario mental de uno negativo a otro positivo, pones en marcha las fuerzas que harán que tu mundo sea como tú quieres que sea. Selecciona un objetivo, imagínatelo, y sigue estas instrucciones para transferirlo a tu subconsciente. El resultado será que tus experiencias actuales se corresponderán con tus patrones mentales. Recuerda la ley:

El pensamiento toma forma en la acción, a menos que este sea anulado por una idea opuesta. Las imágenes mentales tienden a materializarse ellas mismas.

La práctica matutina puede ser repetida durante el día, cuando tengas unos minutos libres. Te darás cuenta de que es mucho mejor utilizar tu mente de manera creativa que dejarla a la deriva, como hacen la mayoría de las personas. Cuando quiera que aparezcan estados mentales negativos, tú ya tendrás preparados patrones mentales para contrarrestarlos. Esto te será de gran ventaja.

Hace mucho tiempo, se descubrió que la manera de superar estados mentales indeseables, dubitativos y pesimistas es trayendo a sus opuestos a la consciencia. No tienes que echar a la fuerza a la oscuridad. Simplemente, enciende la luz. Intentar deshacerse de la oscuridad por medio de la fuerza o represión, es una pérdida de tiempo y esfuerzo. Invierte toda tu energía en construir estados positivos. Estos vencerán automáticamente a los negativos. Cuando has construido un patrón mental que representa un deseo sincero, tienes la mejor protección contra las actividades mentales negativas que desperdician tu poder, y que son las que crean el fracaso.

Tu práctica matinal hará que cada día sea más fácil atraer imágenes positivas. Pronto alcanzarás un estado de desarrollo donde te será fácil tener pensamientos positivos y constructivos.

El objetivo de esta práctica es perfeccionar una *imagen clara*. Las *imágenes únicas* son las que tienen suficiente poder para penetrar profundamente en el subconsciente y poner en marcha los procesos ocultos que conducen a la materialización.

Ejercicio de Relajación Antes de Dormir

Este ejercicio se debe llevar a cabo por la noche, cuando estés en la cama, hayas apagado la luz, y estés completamente cómodo. Esta práctica te permitirá transferir tu imagen al subconsciente.

El primer requisito para tener éxito es la relajación física. Para asegurar que estás relajado, comienza por los dedos de tus pies. Ténsalos ligeramente. Esto hará que tu consciencia se enfoque en las células motoras de tu cerebro, que son las que controlan tus pies. Tan pronto como hayas hecho esto, relaja todos los músculos de tus pies.

A continuación, fija tu atención en los músculos de tus piernas, entre las rodillas y los tobillos. Ténsalos un poco y luego relájalos. Continúa de esta manera, tensando y relajando los músculos entre las rodillas y las caderas.

Ahora respira profundamente y mueve tus músculos abdominales mientras contienes la respiración. Luego exhala y relaja los músculos abdominales. Respira nuevamente y esta vez tensa y relaja los músculos del pecho. Relájate al exhalar.

Ahora, tensa los músculos de la espalda y luego relájalos.

Sigue el mismo procedimiento con los músculos de tus hombros.

Luego, por el mismo procedimiento, relaja los músculos de tus manos, antebrazos y brazos. Después de esto, relaja los músculos de tu cuello.

Luego tensa los músculos faciales vigorosamente y relájalos completamente.

Proporcionamos estas instrucciones en detalle para asegurarnos de que entiendes que la tensión debe preceder a la relajación, ya que la tensión eleva la actividad de las células en los centros motores que controlan los músculos.

Relajación es lo mismo que control; no tanto el control de los músculos en sí, sino de control de la fuerza nerviosa que les proporciona energía, y control de los centros cerebrales que distribuyen esta fuerza nerviosa.

Por medio de la relajación completa, puedes contactar con los centros físicos del subconsciente, que a su vez conectan la mente consciente con los centros subconscientes más profundos. La actividad de las células cerebrales que controlan tus músculos se realiza de manera inconsciente, así como lo es cualquier otra fuerza de ese campo mental oculto.

Mediante de la relajación, puedes alejar, a voluntad, la fuerza nerviosa de cualquier parte del sistema muscular voluntario. Está práctica conduce al dominio extraordinario del cuerpo y de la mente.

Al final del ejercicio de relajación, estás listo para transferir tu *única imagen* al subconsciente. Convoca la imagen, clara y definida, ante el ojo de la mente. Puede parecer que la ves en la oscuridad, a un metro de ti. O puede que seas de esas personas que ven sus imágenes mentales en medio de sus ojos y párpados cerrados. Otros, con los ojos cerrados, ven la imagen en un espacio mental dentro de sus cabezas, detrás de la frente.

Visualización

Imagina que estás imprimiendo esta imagen en las células de tu cerebro, en la PARTE POSTERIOR DE TU CABEZA[1]. Esto es más fácil de lo que parece. Después de unos pocos intentos, serás capaz de llevar la imagen mentalmente a la parte posterior de tu cerebro y fijarla allí fácilmente.

Esto no es un truco para intentar engañar a tu subconsciente. El lóbulo occipital en el cerebro es el centro de la visión, y está ubicado en la parte posterior de la cabeza. Las células del centro de visión son aquellas que, a través de su actividad, te proporcionan todas tus imágenes visuales. Al llevar tu imagen mental al cerebro, estás siguiendo la trayectoria de la luz mentalmente. Es la luz la que graba imágenes mentales en las células de la visión en la parte posterior de tu cabeza.

Una vez completado el ejercicio, prepárate para dormir. Si el trabajo mental te ha despertado, realiza una vez más el proceso de relajación. Luego, descarta cualquier pensamiento acerca de tu objetivo. Si tienes ideas acerca de él, piensa en algún suceso agradable de tu pasado, y recréalo. Lo más importante es detener los pensamientos conscientes referentes a tu objetivo antes de que te duermas.

CAPITULO 6 - NOTAS

El Cerebro

El lóbulo occipital es el centro de procesamiento visual del cerebro y contiene la mayor parte de la corteza visual. Vemos, literalmente, con la parte posterior de nuestra cabeza.

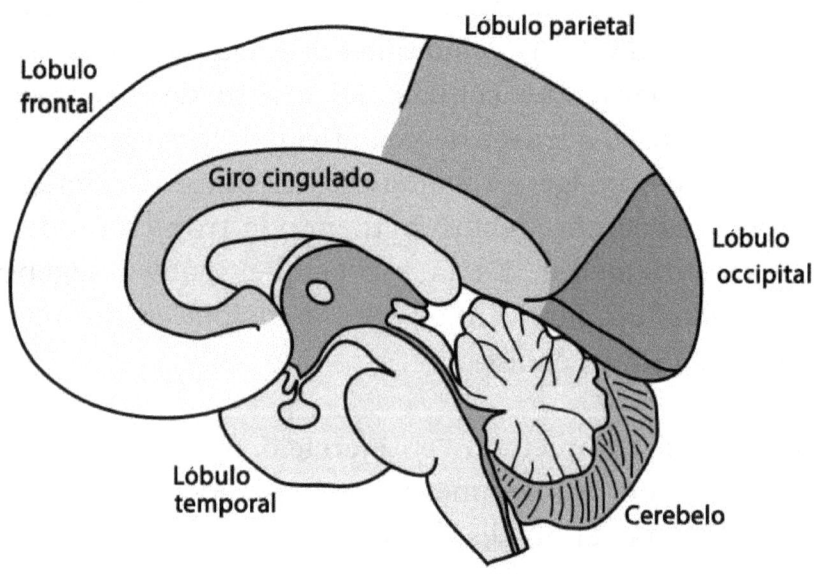

Autor: NEUROtiker - Trabajo propio, CC BY-SA 3.0, https://commons.wikimedia.org/w/index.php?curid=2653584

CAPITULO 7

Revisión

Comencemos con un repaso sobre los poderes del subconsciente.

1. El subconsciente es el constructor del cuerpo. Cura todas las enfermedades. Este poder curativo puede ser despertado a través de métodos mentales, que generalmente tienen éxito donde otros métodos han fallado.

2. El subconsciente guarda nuestras memorias. Graba todas nuestras experiencias, y contiene un resumen de aquello que es fundamental para la experiencia de nuestra raza. Este registro de la experiencia de nuestra raza es la fuente verdadera de la mayoría de nuestras intuiciones, y muchos "descubrimientos" científicos son en realidad conocimiento "recuperado" del subconsciente.

3. El subconsciente realiza conexiones por nosotros con aquello que necesitemos para ser lo que queremos ser, hacer lo que queramos hacer, y tener lo que queramos tener.

4. El funcionamiento del subconsciente es controlable desde el nivel consciente, siempre y cuando utilicemos los métodos correctos.

Los poderes del subconsciente y los métodos de control no son nuevos, algunos de estos métodos son muy antiguos.

Durante siglos, los detalles de esta técnica ancestral para llegar al subconsciente y liberar su poder fueron mantenidos el secreto por pequeños grupos de iniciados. Generación tras generación, solo unos pocos fueron admitidos en estos círculos exclusivos de sabiduría. Los métodos para utilizar los poderes del subconsciente se comunicaban a los alumnos bajo órdenes estrictas de guardar el secreto.

La transmisión de este conocimiento ancestral ha continuado hasta hoy. Desde el gran despertar a las verdades ocultas sucedido en el último cuarto del siglo XIX, mucha de la información anteriormente mantenida en secreto es ahora pública. Los guardianes de la sabiduría interior permiten, hoy en día, que las enseñanzas se puedan impartir a todo aquel que las esté buscando. Este curso y otros son instrucciones abiertas derivadas de la tradición secreta.

El Subconsciente Responde Mejor a las Sugestiones Visuales

La técnica para el control de las fuerzas subconsciente se formuló hace unos setecientos años por los miembros de una rama de la Escuela Interior, que se reunían en el entonces centro intelectual del mundo, la ciudad de Fez, en Marruecos. En estas reuniones descubrieron que,

El subconsciente responde mejor a las imágenes visuales que a cualquier otra forma de sugestión.

De todos nuestros sentidos, la vista es el más desarrollado. Un proverbio chino dice: "Una imagen vale más que mil palabras." Supongamos que un chino, un francés, y un norteamericano, que solo entienden su idioma, miran el mismo árbol. Todos saben lo que es, y las asociaciones subconscientes de ideas evocadas por la imagen serán prácticamente las mismas.

Cada imagen visual tiene sus propias y constantes respuestas subconscientes. Mira la foto de un árbol y escribe las ideas que aparecen en tu mente. Continúa este experimento por dos o tres días más. Tu lista de asociaciones será idéntica, en muchos aspectos, con aquello que pudiera escribir cualquier otra persona en el mundo.

Debido a que cada imagen visual tiene su respuesta subconsciente, se puede confiar en que los resultados a las imágenes diseñadas por las leyes de asociación subconsciente son predecibles. Estos diseños, sin importar quién los mire, siempre evocarán las mismas asociaciones de ideas, una vez que se siente su influencia bajo el simple nivel personal de reacción. Incluso cuando uno no sabe el significado de cierta imagen, o confunde su verdadero significado al principio, la respuesta subconsciente está llamada a aparecer, siempre y cuando uno mire la imagen atentamente y a menudo.

El Tarot de la Clave Pictórica

Una antigua técnica se fundó sobre este hecho. Este método para alcanzar y liberar los poderes subconscientes consiste en prestar atención, de manera reiterada, a imágenes visuales combinadas en una serie de dibujos. Éstos producen reacciones subconscientes automáticas.

Es mejor saber de antemano lo que significa cada dibujo. Cuando entendemos por qué un diseño en particular produce una reacción subconsciente especifica, el efecto que produce es más rápido, porque la expectativa consciente se añade al poder sugestivo inherente a la imagen visual.

Contemplar un conjunto de dibujos es la base de esta técnica para evocar y dirigir las fuerzas del subconsciente. Los veintidós dibujos son conocidos como Claves del Tarot. (Tarot se pronuncia, aproximadamente, TEAR-oh, con acento en la primera sílaba, y rima con bear -oso en inglés). Cada uno de estos dibujos es una ingeniosa combinación de imágenes visuales que guardan una correspondencia psicológica exacta entre sí. La reacción es en parte mental y en parte fisiológica. Cada dibujo pone en marcha un proceso deductivo subconsciente que modifica aquellas actividades ocultas que acondicionan todos los estados del cuerpo físico y sus funciones.

La primera Clave del Tarot, El Loco, está diseñada para estimular un contacto subconsciente con fuentes de poder y visión supraconsciente. La segunda Clave, El Mago, pone de manifiesto estados mentales y físicos favorables a la concentración y a la atención despierta con respecto a nuestro entorno.

El tercer dibujo, La Emperatriz, induce a condiciones de cuerpo y mente requeridas para la imaginación creativa. Y así sucesivamente, abarcan todas las actividades mentales necesarias para producir una personalidad equilibrada y completa.

Nuestros sabios predecesores descubrieron que todas las formas de conciencia humana y poderes de personalidad podían clasificarse en veintidós aspectos principales. Luego de realizar largos experimentos, fueron capaces de determinar las combinaciones de imágenes pictóricas que ponen siempre en funcionamiento cada uno de los veintidós poderes fundamentales. Luego le entregaron sus hallazgos a un grupo de artistas, de entre sus miembros. Fueron ellos los que diseñaron las veintidós Claves del Tarot.

Se hicieron dos versiones. Una era un deliberado esbozo incompleto, pero los diseños eran lo suficientemente certeros para que resultaran útiles para los iniciados, que estaban familiarizados con la versión más elaborada, que no fue puesta en circulación. Las Claves del Tarot esotérico se enseñaban en las habituales reuniones de los miembros comprometidos con la Escuela. Fueron ellos los inventores del Tarot.

La versión incompleta se disfrazó como un juego. Esto permitió a los iniciados utilizar las Claves en público, sin levantar sospechas de ser estudiantes de un conocimiento proscrito por los ignorantes que ostentaban el poder.

Era necesario estudiar psicología práctica en secreto, porque todo lo que se encontraba fuera de lo común se le atribuía al diablo. El juego ganó popularidad rápidamente, y el Tarot se convirtió en el origen de nuestra moderna baraja de cartas.

La versión secreta del Tarot ha sido usada por la Escuela Interior desde el siglo XIII hasta nuestros días. Se hizo alusión a ella en *Fama Fraternitatis* y en antiguos libros Rosacruces, que describen el Tarot como ROTA, y como una de las posesiones más valiosas de los miembros de esta Fraternidad. TAROT es una palabra artificial, creada mediante la transposición de las sílabas de la palabra ROTA (*rueda en latín*), y añadiendo una "T" extra para despistar. Estos maravillosos dibujos han ejercido una influencia enorme, y a la vez poco conocida, en toda la raza humana.

Eliphas Levi dice,

El Tarot es un oráculo verdadero, y responde a todas las preguntas que se nos puedan ocurrir de manera precisa e infalible. Un prisionero que no tenga acceso a ningún otro libro más que al Tarot, si supiera como usarlo, podría, en pocos años, adquirir un conocimiento universal, y sería capaz de hablar de cualquier tema con un conocimiento inigualable y una elocuencia inagotable.

Un eminente filósofo ruso, Ouspensky, autor del Tertium Organum, dice lo siguiente:

Hay muchos métodos para desarrollar el "sentido de los símbolos" en aquellos que se están esforzando por entender las fuerzas ocultas de la Naturaleza y la Humanidad, y por enseñar los principios fundamentales y los elementos del lenguaje esotérico. El método más abreviado e interesante de todos es el Tarot.

El Tarot representa una síntesis de las Ciencias Herméticas: la Cábala, la Alquimia, la Astrología y la Magia. Todas estas ciencias representan un sistema de una investigación psicológica extensa y profunda sobre la naturaleza del hombre en relación al mundo nouménico (Dios, el mundo del Espíritu) y el mundo fenoménico (el mundo físico y visible). Las letras del alfabeto hebreo y las varias metáforas de la Cábala, los nombres de los metales, ácidos y sales en la Alquimia, los espíritus buenos y malos en la Magia; todos ellos fueron medios para ocultar la verdad a los no iniciados.

La Francmasonería es una superviviente del sistema psicológico antiguo, aunque algunos masones conocen el tesoro que han heredado del pasado. El general Albert Pike, *Soberano Gran Comendador* del rito escocés estadounidense, dice lo siguiente:

"Aquel que desee obtener una comprensión de la Gran Palabra y la posesión del Gran Secreto, debe seguir, con el fin de clasificar la adquisición de conocimiento y dirigir su operación, el orden indicado en el alfabeto del Tarot." - *Moral y Dogma*, pág 777 (versión en inglés).

¿Qué es la Gran Palabra? Su significado principal es *humano*. ¿Cuál es el Gran Secreto? Dirigir las fuerzas ocultas de la vida interior de los humanos y el poder del subconsciente. Está operación se llama la Gran Obra. Las Claves del Tarot son un valioso recurso que nos permite llevar a cabo esta operación, porque cada dibujo del Tarot llama a poderes específicos de las profundidades subconscientes.

Esta semana, pon a prueba tu comprensión de este material, respondiendo a las preguntas que encontrarás al final de esta lección.

El siguiente curso de nuestro plan de estudios será el comienzo de tus estudios sobre el Tarot, qué incluye, para cuando hayas acabado, un juego completo de Claves del Tarot. Utilízalas según las instrucciones que se dan en las lecciones, y lograrás un progreso verdadero en el arte del uso de los poderes del subconsciente. La siguiente serie de lecciones es *Una introducción al Tarot y la Astrología: Simbolismo del Tarot*.

CAPITULO 7 - NOTAS

Resumen de la Técnica

¿Qué es lo que quieres?

Tómate un tiempo para examinar todas las demandas y deseos que has recibido del exterior y decide qué es lo que tú quieres realmente.

Esto toma su tiempo, no te apresures, pero tampoco lo postergues en el tiempo. Apresúrate lentamente.

Una vez que sepas lo que quieres, *haz una lista* de cómo se ve, a qué sabe, a qué huele, cómo se siente y cómo suena. Recréalo con alguna actividad donde tú estés presente. Cuéntatelo a ti mismo en el auto o en cualquier otro lugar donde estés solo.

No le cuentes a nadie sobre tu único objetivo.
Recuerda el lema del mago: SABER, ATREVERSE, QUERER, PERMANECER CALLADO.

Imaginación

Sueña despierto: mírate a ti mismo realizar una actividad alrededor de lo que quieres.

Crea un símbolo o una sola imagen que represente tu Único Objetivo.

Un símbolo es una creación mental de tu deseo que tiene significado para ti. No tiene que ser un símbolo convencional. puede ser tan sencillo como un número.

El símbolo debe ser fácil y rápido de evocar.

Transfiriendo la Imagen al Subconsciente

En cuanto te despiertes, y momentos antes de dormirte, llama a tu imagen y transfiérela a la parte posterior de tu cabeza, que es el centro subconsciente del cerebro.

Fe

Espera confiadamente que lo que quieres va a llegar.

Encuentra la manera de desarrollar la fe en tus habilidades. Prémiate cuando tengas éxito.

La Visión Mágica

¿Tienes ojos para ver que lo que quieres ya te ha llegado?

Las cosas raramente ocurren exactamente como las esperamos. La realidad y las expectativas son rara vez, o nunca, lo mismo. Aprende a ver tus éxitos, aún cuando sea un éxito parcial, y reconoce tus logros.

TEST

Por favor, responde a las siguientes preguntas concisa y claramente.

1. ¿Alguna vez has formulado tu primer objetivo?

2. ¿Has planeado los pasos necesarios para alcanzarlo?

3. ¿Puedes percibir claramente qué formas de actividad corporal se necesitan para realizar tu Único Objetivo?

4. ¿Puedes formar imágenes mentales claras?

5. ¿Cómo defines subconsciente?

6. ¿Qué peligro surge del proceso característico al razonamiento subconsciente?

7. ¿Qué valor tiene el silencio?

8. ¿Cuáles son los éxitos que has tenido desde que has empezado con este trabajo?

Bibliografía

Anónimo (2005). *Egyptian Texts of the Bronze Book*[1]. Your Own World Books Inc.

Atwood, M. A. (1918). *A Suggestive Inquiry into the Hermetic Mystery with a Dissertation on the More Celebrated of the Alchemical Philosophers being an attempt towards the recovery of the Ancient Experiment of Nature.* Con introducción de Walter Leslie Wilmshurst. Belfast: William Tait.

Pike, A. (1947). *Morals and Dogma of the Ancient and Accepted Scottish Rite*[2]. Charleston, NC: L.H. Jenkins.

---

[1] *"The Egyptian Text of the Bronzebook: The First Six Books of the Kolbrin Bible"* es un libro en inglés que recoge los seis primeros libros de la Biblia Kolbrin. NT

[2] *En Español: Moral y Dogma del Rito Escocés Antiguo y Aceptado.*

Libros de Paul Foster Case

1. SIETE PASOS EN EL OCULTISMO PRÁCTICO

2. INTRODUCCIÓN AL TAROT Y LA ASTROLOGÍA

3. FUNDAMENTOS DEL TAROT

4. EL PATRÓN MAESTRO

5. LOS TREINTA Y DOS CAMINOS DE SABIDURÍA

6. LOS RITUALES DEL NEÓFITO DE PAUL FOSTER CASE

de Wade Coleman

EL CAMINO MÁGICO

Para contactar al autor, escriba a este correo electrónico.

DENDARA_ZODIAC@protonmail.com

www.ingramcontent.com/pod-product-compliance
Lightning Source LLC
Chambersburg PA
CBHW060357050426
42449CB00009B/1783